I Oliver

Gan ba[...] [...]anne fydo

Pob hwyl i ti

Geiriadur

2

Elizabeth Davies

Eluned Charles

Argraffiad cyntaf Mawrth 1996

ISBN 1 86085 089 8

Cyhoeddwyd gan Uned Iaith Genedlaethol Cymru CBAC,
245 Rhodfa'r Gorllewin, Caerdydd CF5 2YX

Dyluniwyd gan Mostyn Davies

Arluniwyd gan Andrea Heath, Rod Knipping,
Jon Williams, Jac Jones, Alan Lumsden a Stephen Daniels

Argraffwyd gan Hackman Argraffwyr Cyf.,
Ynyshir, Porth, Rhondda CF39 0AN

☎ (01443) 684822

RHAGYMADRODD

Cafodd *Geiriadur 1* groeso mawr mewn ysgolion am ei fod yn raenus a lliwgar, yn glir ac yn syml ac - yn bwysicach na dim - yn eiriadur "go iawn" y gellid ei ddefnyddio i gychwyn y plant ar lwybr meithrin sgiliau geiriadurol.

Gobeithio y caiff *Geiriadur 2* yr un croeso. Lluniwyd ef yn bennaf ar gyfer plant 6-7 oed. Y mae'n ddatblygiad o *Geiriadur 1* mewn sawl ffordd. Y gair mewn llun ac mewn brawddeg; dyna'n syml batrwm *Geiriadur 1* ac yr oedd yn cynnwys rhyw ddeucant o eiriau. Y mae bron i ddwbl hynny o eiriau yn *Geiriadur 2* ac yn ychwanegol at y llun sy ar gyfer pob gair, fe geir yn y geiriadur hwn luosog y gair, lle mae hynny'n berthnasol, diffiniad ohono, ac fe'i cynhwysir mewn brawddeg sydd yn nodi cenedl y gair.

Bydd modd llunio tasgau amrywiol a diddorol ar sail y geiriadur hwn a gall plant hefyd ddilyn yr un patrwm wrth greu eu geiriaduron eu hunain.

Y mae trafodaethau eisoes ar y gweill ar gyfer cynhyrchu *Geiriadur 3* fydd yn ddatblygiad pellach ac yn addas ar gyfer plant 7-9 oed.

Elfyn Pritchard
Cadeirydd
Panel Llyfrau Darllen
Cyd-bwyllgor Addysg Cymru

A a

aber

Man lle mae afon yn cwrdd ag afon arall neu yn cwrdd â'r môr.

Roedd y dyn yn pysgota yn yr **aber**.

mwy nag un **aberoedd**.

actio

Esgus bod yn rhywun arall mewn drama.

Mae'r plant yn hoffi **actio** ar y llwyfan.

achub

Helpu rhywun neu rywbeth i ddod allan o le peryglus.

Dringodd y dyn y graig i **achub** y ddafad.

adeiladu

Codi rhywbeth trwy roi pethau at ei gilydd.

Mae'r plant wedi **adeiladu** tŷ â'r blociau.

1

A a

adenydd

Mae adar, pryfed ac awyrennau yn defnyddio'r rhain i hedfan.

Mae'r bilidowcar yn agor ei **adenydd**.

aderyn

Anifail ag adenydd, plu a dwy goes. Mae'r iâr (y fenyw) yn dodwy wyau.

    Aderyn bach yn canu'n iach.
        Dere di, dere do.

mwy nag un **adar**.

addurno

Gwneud i rywbeth edrych yn bert.

Mae Mam wedi gorffen **addurno'r** goeden Nadolig.

ael

Y blew sy'n tyfu ar y talcen uwchben y llygad.

Mae dwy **ael** flewog iawn gan Siôn Corn.

mwy nag un **aeliau**.

A a

afal

Ffrwyth â chroen gwyrdd, melyn neu goch.

Dyma **afal** melyn crwn,
Anrheg Mam i mi yw hwn.

Mwy nag un **afalau**.

ager

Mae hwn yn codi o ddŵr berwedig.

Byddwch yn ofalus gydag **ager** poeth y tegell.

anghenfil

Anifail mawr salw mewn stori.

Doedd Elinor ddim yn hoffi'r stori am yr **anghenfil** cas.

mwy nag un **angenfilod**.

ailgylchu

Defnyddio pethau mwy nag unwaith yn lle eu taflu i ffwrdd.

Bydd y papurau a'r caniau yma yn cael eu **hailgylchu** a'u defnyddio eto..

alarch

Aderyn mawr gwyn sy'n byw yn agos i ddŵr.

> Dacw **alarch** ar y llyn
> Yn ei gwch o sidan gwyn.

mwy nag un **elyrch**.

A a

allwedd

Rhywbeth i agor a chau clo mewn drws neu i gychwyn injan.

Mae tair **allwedd** gan Mam.

mwy nag un **allweddi, allweddau**.

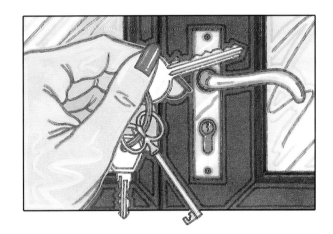

ambiwlans

Cerbyd i gario pobl i ysbyty.

Mae golau glas yr **ambiwlans** yn fflachio.

Mwy nag un **ambiwlansys**.

anifail

Popeth byw heblaw planhigion.

Nid oedd Steffan wedi gweld yr **anifail** hwn o'r blaen.

mwy nag un **anifeiliaid**.

A a

anifail anwes

Anifail sy'n byw gyda phobl.

Roedd y plant wedi penderfynu cael **anifail anwes** bach.

mwy nag un **anifeiliaid anwes**.

anorac

Siaced fer, gynnes â hwd iddi.

P'un rydych chi'n hoffi orau - yr **anorac** las neu'r un goch?

mwy nag un **anoracs**.

arddwrn

Rhan o'r corff, rhwng y llaw a'r fraich.

Mae dau **arddwrn** cryf gan y codwr pwysau.

mwy nag un **arddyrnau**.

arogli

Un o'r pum synnwyr. Dyma beth rydych chi'n ei wneud â'ch trwyn.

Plygodd Mam-gu i **arogli'r** rhosyn.

arth

Anifail mawr blewog sy'n frown, gwyn neu ddu.

Mae'r **arth** wen yn byw yn yr Arctig.

mwy nag un **eirth**.

asgwrn

Un o'r darnau gwyn, caled y tu mewn i'r corff. Dyma sydd yn rhoi siâp i'r corff.

Gwelodd Mari y ddau **asgwrn** yn ei braich ar y llun pelydr X.

mwy nag un **esgyrn**.

asyn

Anifail â chlustiau hir sy'n edrych fel ceffyl bach.

Cariodd yr **asyn** llwyd y plant ar ei gefn.

mwy nag un **asynnod**.

athrawes

Menyw sy'n dysgu plant mewn ysgol.

Un, dwy, tair, pedair **athrawes**.

mwy nag un **athrawesau**.

A a

6

A
a

athro

Dyn sy'n dysgu plant mewn ysgol.

Roedd yr **athro** hwn yn chwarae pêl-droed gyda'r plant amser cinio.

mwy nag un **athrawon**.

awyr

Yr hyn welwn ni pan fyddwn ni allan ac yn edrych i fyny.

Hedfanodd yr aderyn yn uchel yn yr **awyr** las.

awyren

Peiriant hedfan, i gario pobl o le i le trwy'r awyr.

Mae'r **awyren** hon yn hedfan uwchben y cymylau.

mwy nag un **awyrennau**.

babi

Plentyn ifanc iawn.

Mae'r plant i gyd eisiau magu'r **babi** newydd.

mwy nag un **babis**.

B
b

bachgen

Plentyn sy'n tyfu i fod yn ddyn.

Gareth yw'r **bachgen** talaf o'i ffrindiau.

mwy nag un **bechgyn**.

bag

Cwdyn i gario pethau ynddo.

Pwy sy biau'r **bag** brown yma?

mwy nag un **bagiau**.

barcut, barcud

Ffrâm ysgafn â defnydd drosti. Mae'n cael ei hedfan yn yr awyr.

Y barcut melyn hedfanodd uchaf.

mwy nag un **barcutiaid**.

B b

basn ymolchi

Math o fowlen i olchi'ch dwylo a'ch wyneb.

Paid â rhoi gormod o ddŵr yn y **basn ymolchi**.

mwy nag un **basnau ymolchi**.

bat

Darn o bren neu blastig i daro pêl.

Mae'r **bat** yn y bag. Ond ble mae'r bêl?

mwy nag un **batiau**.

bath

Math o dwba. Gallwch chi eistedd neu orwedd ynddo i ymolchi.

Mae Ben wrth ei fodd yn y **bath**.

bawd

Y bys cyntaf ar y llaw neu'r droed.

Dau **fawd** bach, dau **fawd** mawr.

mwy nag un **bodiau**.

beic

Peiriant i fynd ar ei gefn. Mae ganddo ddwy neu dair olwyn a dau bedal.

Cafodd Huw **feic** glas newydd ar ei ben-blwydd.

mwy nag un **beiciau**.

bicini

Gwisg nofio i ferched. Mae dwy ran iddi.

Gaf i'r **bicini** melyn, Mam?

mwy nag un **bicinis**.

bin sbwriel

Bocs i ddal gwastraff.

Cofiwch daflu'r papur i'r **bin sbwriel**.

mwy nag un **biniau sbwriel**.

blasu

Un o'r pum synnwyr. Dyma beth rydych chi'n ei wneud â'ch tafod.

Nid oedd y babi wedi **blasu** lemwn o'r blaen.

B
b

B b

blawd

Ŷd wedi ei falu i'w ddefnyddio i goginio.

Defnyddiodd Mam y **blawd** gwyn i wneud teisen.

bloc

Darn solid o bren neu blastig.

Bloc coch, **bloc** glas, **bloc** melyn a **bloc** gwyrdd.

mwy nag un **blociau**.

blodyn

Rhan o blanhigyn. Fel arfer mae'n lliwgar ac yn bert.

Y lili wen fach yw **blodyn** cynta'r flwyddyn.

mwy nag un **blodau**.

blowsen

Dilledyn i ferched. Mae'n debyg i grys ysgafn gyda choler a llewys a botymau yn eu cau.

Blowsen wen a thei coch.

mwy nag un **blowsys**.

11

bocs

Rhywbeth gydag ochrau syth i ddal pethau.

Mae'r teganau yn cael eu cadw mewn **bocs** mawr.

mwy nag un **bocsys**.

braich

Rhan o gorff person. Mae hi rhwng yr ysgwydd a'r llaw.

Cododd Aled ei ddwy **fraich** i fyny!

mwy nag un **breichiau**.

brân

Aderyn mawr du sy'n gwneud sŵn cras.

> Hen **frân** fawr ddu ar ben y to
> Yn canu bas, ho ho ho ho.

mwy nag un **brain**.

brawd

Bachgen sydd â'r un rhieni â phlentyn arall.

Mae **brawd** bach Mair yn dechrau'r ysgol heddiw.

mwy nag un **brodyr**.

12

B
b

bresych

Llysiau â dail trwchus, gwyrdd neu biws.

Roedd **bresych** ar y stondin llysiau yn y farchnad.

broga

Anifail bach gwyrdd neu frown sy'n gallu sboncio ar y tir a nofio yn y dŵr .

Sbonciodd y **broga** bach i ben y ddeilen.

mwy nag un **brogaod**.

brwsh

Swp o flew wedi ei roi mewn handlen bren neu blastig. Mae'n cael ei ddefnyddio i baentio llun, i lanhau'r llawr neu i dacluso gwallt.

Rhaid golchi'r **brwsh** paent yn lân cyn ei roi i gadw.

mwy nag un **brwshys**.

buwch

Anifail mawr ar fferm, mam llo bach. Mae hi'n rhoi llaeth.

Dim ond un **fuwch** sydd ar ôl yn y cae.

mwy nag un **buchod**.

B b

bwrdd

Celficyn i ddal pethau. Mae ganddo dop fflat a choesau dano.

Mae'r plant wedi dod â phethau i'w rhoi ar y **bwrdd** coch.

mwy nag un **byrddau**.

bws

Cerbyd i gario llawer o bobl ar hyd y ffordd. Weithiau mae dau lawr iddo.

Rhedodd Gari i ddal y **bws** coch.

mwy nag un **bysiau, bysys**.

bwyta

Rhoi bwyd yn y geg a'i gnoi a'i lyncu.

Mae'r babi yn hoffi **bwyta** siocled.

bys

Rhan o'r corff. Mae pump ar bob llaw a phob troed.

Beth wyt ti'n galw'r **bys** bach?

mwy nag un **bysedd**.

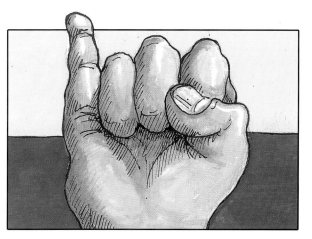

14

cadair

Celficyn i eistedd arno, â choesau dano a chefn iddo.

"Dwyt ti ddim i fod i sefyll ar y **gadair**."

mwy nag un **cadeiriau**.

cadair esmwyth

Sedd fawr gyfforddus, â chefn a breichiau.

Welwch chi Dad yn y **gadair esmwyth**?

mwy nag un **cadeiriau esmwyth**.

cadno

Anifail sy'n debyg i'r corgi. Mae ei flew yn frowngoch ac mae cynffon hir, flewog ganddo.

Rhedodd y **cadno** ar draws y cae.

mwy nag un **cadnoid**.

cae

Darn o dir â ffens neu glawdd o'i gwmpas. Mae gwair neu lysiau neu ŷd yn tyfu ynddo ac mae gwartheg yn gallu pori ynddo hefyd.

Pan fydd y tywydd yn braf bydd y plant yn cael chwarae yn y **cae**.

mwy nag un **caeau**.

C
C

calon

Rhan o'r corff tu mewn i'r frest. Hon sy'n pwmpio gwaed o gwmpas y corff.

Gwrandawodd y doctor ar **galon** Sam â'r stethosgob.

mwy nag un **calonnau**.

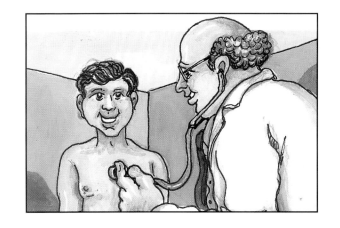

camel

Anifail yr anialwch â gwddf hir a chrwmp ar ei gefn i storio braster.

Teithiodd y Doethion i Fethlehem ar gefn tri **chamel** cryf i weld y baban Iesu.

mwy nag un **camelod**.

cangarŵ

Anifail mawr o Awstralia. Mae'n gallu neidio'n dda. Mae'r fam yn bwydo ac yn cario'r un bach mewn bag wrth ei bol.

Neidiodd y **cangarŵ** - un, dau, tri.

mwy nag un **cangarŵod**.

cap

Gwisg i'r pen.

Cap coch, gwyn a gwyrdd - lliwiau Mr Urdd.

mwy nag un **capiau**.

16

car

Cerbyd pedair olwyn ag injan i'w yrru.

Car gwyn sydd gan Dad.

mwy nag un **ceir**.

carafán

Cerbyd sydd yn gartref ar olwynion. Mae'n cael ei dynnu gan gar neu geffyl.

Mae'r plant wrth eu bodd yn mynd am wyliau yn y **garafán** hon.

mwy nag un **carafannau**.

cardigan

Math o siaced â botymau yn ei chau.

Ydy'r **gardigan** yma'n rhy fawr?

mwy nag yn **cardigans**.

carped

Darn o ddefnydd trwchus i orchuddio'r llawr.

Mae'r plant wrth eu bodd ar eu hyd ar y **carped**.

mwy nag un **carpedi**.

cath

Anifail â blew meddal ac ewinedd miniog.

Gwelodd Deio dair **cath** fach yn y fasged.

mwy nag un **cathod**.

cawl

Bwyd blasus wedi'i wneud o lysiau, dŵr ac weithiau cig.

Cawl blasus i ginio!

cawod

Darn o offer yn yr ystafell ymolchi. Mae'n gollwng dŵr, sy'n debyg i law mân, er mwyn i chi gael ymolchi dano.

P'un sy orau gennych chi - cael bath neu **gawod**?

mwy nag un **cawodydd**.

caws

Bwyd wedi ei wneud o laeth. Mae'n gallu bod yn galed neu yn feddal.

Torrodd Tad-cu ddarn o **gaws** i de.

cefnder

Mab eich modryb neu eich ewythr.

Mae dau **gefnder** gan Ifan - Aled a Guto. Dyfalwch p'un yw p'un.

mwy nag un **cefndryd**.

ceffyl

Anifail mawr â choesau hir. Mae pobl yn gallu mynd ar ei gefn.

Carlamodd y **ceffyl** du heibio i'r ceffyl gwyn.

mwy nag un **ceffylau**.

ceg

Rhan o'r pen lle mae bwyd a diod yn mynd i mewn i'r corff.

Agorodd yr hipopotamws ei **geg** fawr.

mwy nag un **cegau**.

ceiliog

Yr enw ar aderyn gwryw.

    Hen **geiliog** dandi do
    A redodd i'r twll glo.

mwy nag un **ceiliogod**.

C

C

celfi

Dodrefn, tebyg i gadair, bwrdd neu wely.

Oes eisiau **celfi** newydd yn y tŷ dol?

un **celficyn**.

cenhinen

Llysieuyn hir, gwyrdd a gwyn sy'n flasus i'w fwyta.

Mae'r plant yn hoffi gwisgo **cenhinen** fawr ar Ddydd Gŵyl Dewi.

mwy nag un **cennin**.

cerdded

Symud trwy roi un droed o flaen y llall.

Mae Siwan yn **cerdded** i'r ysgol gyda'i chwaer fawr.

ci

Anifail blewog â phedair coes. Mae e'n cyfarth. Mae sawl math i'w gael.

Ci bach melyn a brown oedd Pero.

mwy nag un **cŵn**.

C

c

clai

Defnydd meddal ar gyfer gwneud modelau.

Gwnaeth y plant fodelau o anifeiliaid y fferm â'r **clai**.

clawdd

Nifer o lwyni neu goed bach sy'n rhannu dau ddarn o dir.

Edrychwch ar y nyth yn y **clawdd** ond peidiwch â chyffwrdd â hi.

mwy nag un **cloddiau**.

cloc

Peiriant sy'n dangos faint o'r gloch yw hi.

Mi af i'r ysgol fory
A'm llyfr yn fy llaw,
Heibio i'r castell newydd
A'r **cloc** yn taro naw.

mwy nag un **clociau**.

clogwyn

Wal serth o graig.

Peidiwch â cherdded ar hyd ymyl y **clogwyn** peryglus yma.

mwy nag un **clogwyni, clogwynau**.

clown

Person doniol mewn syrcas sy'n gwneud i bawb chwerthin.

Coco yw enw'r **clown**.

mwy nag un **clowns, clowniaid**.

clust

Rhan o'r pen. Mae un ar bob ochr, i gael gwrando a chlywed.

Mae **clust** dost 'da fi.

mwy nag un **clustiau**.

clywed

Un o'r pum synnwyr. Dyma beth rydych chi'n ei wneud â'ch clustiau.

Doedd Alun ddim yn gallu **clywed** ei fam yn galw.

coeden

Planhigyn mawr â boncyff a changhennau.

Mae'r bachgen wedi gwneud cuddfan yn y **goeden**.

mwy nag un **coed**.

C
C

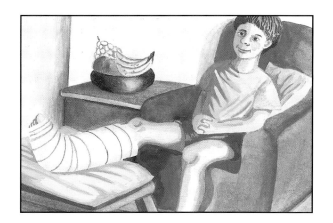

coes

Rhan o'r corff, nesaf at y droed.

Roedd Alwyn wedi torri ei **goes** dde.

mwy nag un **coesau**.

corff

Siâp cyfan person neu anifail.

Rhwbiwch eli haul dros y **corff** ar ddiwrnod poeth.

mwy nag un **cyrff**.

cornel

Y man lle mae dwy wal yn dod at ei gilydd.

Rhaid tacluso'r **cornel** darllen cyn mynd adref.

mwy nag un **corneli**.

corryn

Anifail bach sy'n gwneud gwe i ddal ei fwyd.

Edrychwch ar y **corryn** bach yn gwneud gwe.

mwy nag un **corynnod**.

cot

Gwely bach ag ochrau iddo ar gyfer babi neu ddol.

Mae'r babi'n cysgu'n dawel yn y **cot**.

mwy nag un **cotiau**.

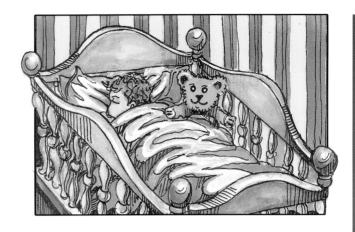

côt, cot

Dilledyn rydych chi'n ei wisgo dros ddillad eraill i'ch cadw'n gynnes.

Rhaid gwisgo'r **gôt**. Mae'n oer.

mwy nag un **cotiau**.

côt law

Dilledyn rydych chi'n ei wisgo i'ch cadw'n sych pan fydd hi'n bwrw glaw.

Ydy'r **gôt law** yma'n rhy fach i Lisa?

mwy nag un **cotiau glaw**.

crafanc

Ewin caled ar droed aderyn i afael mewn bwyd.

Gafaelodd yr eryr yn y pysgodyn â'i **grafanc** gref.

mwy nag un **crafangau**.

24

C
c

cragen

Casyn caled sydd gan rai anifeiliaid.

Oes malwoden yn y **gragen** hon?

mwy nag un **cregyn**.

cranc

Anifail sy'n byw yn y môr. Mae ganddo wyth coes a dwy grafanc.

Rhedodd y **cranc** bach yn ôl i'r môr.

mwy nag un **crancod**.

creision

Tatws wedi eu sleisio'n denau a'u ffrio mewn olew poeth iawn.

Hoff **greision** Mair yw rhai â blas halen a finegr.

crocodeil

Anifail â chorff hir, caled a choesau byrion. Mae ganddo geg hir a dannedd miniog.

Sawl **crocodeil** cyfrwys sydd yn yr afon?

mwy nag un **crocodeilod**, **crocodeiliaid**.

25

C

C

croen

Mae hwn dros bob rhan o'r corff heblaw am y llygaid.

Wyddoch chi fod y **croen** hwn yn teimlo'n sych?

mwy nag un **crwyn**.

cropian

Symud ar y dwylo a'r penliniau.

Rhaid **cropian** cyn cerdded.

crud

Gwely bach ag ochrau iddo ar gyfer babi.

Mae Gareth yn siglo'r **crud**.

crwban

Anifail sy'n symud yn araf. Mae ganddo gragen galed dros ei gefn.

Y **crwban** hwn enillodd y ras.

mwy nag un **crwbanod**.

cwch

Gallwch deithio ar ddŵr yn hwn. Mae rhwyfau neu hwyliau neu injan yn gwneud iddo fynd.

Mae pedwar **cwch** allan ar y llyn.

mwy nag un **cychod**.

cwmwl

Dafnau bach o wlybaniaeth yn yr awyr sy'n edrych fel niwl.

Daeth y **cwmwl** a chuddio'r haul.

mwy nag un **cymylau**.

cwningen

Anifail blewog â chlustiau hir.

Cwningen wen yw anifail anwes Siân.

mwy nag un **cwningod**.

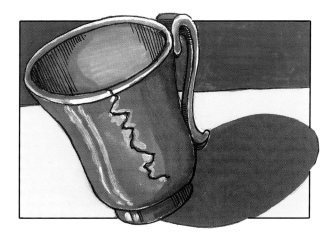

cwpan

Llestr bach â dolen iddo. Gallwch yfed diod ohono.

Edrychwch! Mae crac yn y **cwpan** hwn.

mwy nag un **cwpanau**.

cwympo

Syrthio i lawr.

Edrychwch ar y dail yn **cwympo**.

cyfnither

Merch eich modryb neu eich ewythr.

Mae **cyfnither** fach newydd gan Gwen.

mwy nag un **cyfnitheroedd**.

cyllell

Llafn miniog, metel a charn i gydio ynddo. Gallwch ei ddefnyddio i dorri pethau.

Torrodd Huw ei fys â'r **gyllell**.

mwy nag un **cyllyll**.

cysgu

Gorffwys â'r llygaid ar gau.

Mae'r babi wedi mynd i **gysgu**.

28

Ch ch

chwaer

Merch sydd â'r un rhieni â phlentyn arall.
Darllenodd **chwaer** fawr Catrin stori iddi.
mwy nag un **chwiorydd**.

chwarae

Cymryd rhan mewn gêm.
Dewch i **chwarae** pêl-droed.

chwerthin

Y sŵn rydych chi'n ei wneud pan rydych chi'n hapus.
Roedd sŵn **chwerthin** dros y lle.

chwyddwydr

Gwydr sy'n gwneud i bethau edrych yn fwy.
Â'r **chwyddwydr** hwn mae'r fuwch goch gota yn edrych yn fawr.
mwy nag un **chwyddwydrau**.

dafad

Anifail y fferm. Mae ganddi gôt o wlân.

Roedd pedair **dafad** ddu yn pori wrth yr afon.

mwy nag un **defaid**.

dant

Un o'r pethau gwyn, caled yn y geg, i gnoi bwyd.

Mae dau **ddant** newydd gan Ben.

mwy nag un **dannedd**.

dawnsio

Symud i sŵn miwsig.

Dewch i **ddawnsio**.

deigryn

Dŵr sy'n dod allan o'r llygaid pan rydych chi'n llefain.

Syrthiodd **deigryn** mawr dros foch Emyr.

mwy nag un **dagrau**.

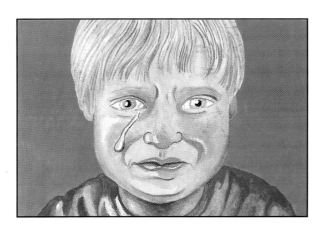

D d

D
d

deinosor

Anifail mawr oedd yn arfer byw ar y Ddaear amser maith yn ôl.

"Hwn oedd y **deinosor** mwyaf."

mwy nag un **deinosoriaid**.

deintydd

Person sy'n gofalu am eich dannedd.

"Cofiwch frwsio'ch dannedd ar ôl brecwast a chyn mynd i'r gwely," meddai'r **deintydd**.

mwy nag un **deintyddion**.

diod

Rhywbeth y gallwch ei yfed, fel dŵr, sudd, te neu goffi.

Yfodd Mari **ddiod** boeth cyn mynd i'r gwely.

mwy nag un **diodydd**.

doctor

Person sy'n helpu i wella pobl pan maen nhw'n dost.

Cafodd Alun fathodyn gan y **doctor** am fod yn fachgen da.

mwy nag un **doctoriaid**.

D d

dodrefn

Celfi, tebyg i gadair, bwrdd neu wely.

"Mae'r fan **ddodrefn** yn llawn."

un **dodrefnyn**.

dol

Tegan siâp person.

Y ddoli glwt yw'r **ddol** mae Mari'n ei hoffi orau.

mwy nag un **doliau**.

dringo

Defnyddio traed a dwylo i fynd i fyny.

Mae pobl yn edrych ar y dyn yn **dringo'r** graig.

drôr

Darn o bren neu blastig ag ochrau iddo i gadw pethau ynddo. Mae'n symud i mewn ac allan.

P'un yw'r **drôr** mwyaf taclus?

mwy nag un **droriau**.

D d

dŵr

Hylif sy'n disgyn o'r awyr fel glaw. Gallwn ei yfed.

Yfodd yr eliffant **ddŵr** glân o'r bwced.

dyn

Bachgen sydd wedi tyfu'n oedolyn.

P'un yw'r **dyn** byrraf yn y llun?

mwy nag un **dynion**.

dyn tân

Dyn sydd yn diffodd tanau.

Achubodd y **dyn tân** y gath o'r goeden.

mwy nag un **dynion tân**.

E e

ebol

Ceffyl ifanc.

> Mae gen i **ebol** melyn
> Yn codi'n bedair oed
> A phedair pedol arian
> O dan ei bedwar troed.

mwy nag un **ebolion**.

eira

Dŵr sydd wedi rhewi ac sy'n disgyn o'r awyr fel plu gwyn.

Eira mân, **eira** mawr.

eliffant

Yr anifail mwyaf sy'n byw ar y tir. Mae ganddo drwyn hir sy'n cael ei alw yn drwnc.

Symudodd yr **eliffant** llwyd y boncyff â'i drwnc.

mwy nag un **eliffantod**.

ennill

Dod yn gyntaf mewn ras neu mewn cystadleuaeth.

Y tîm glas sydd wedi **ennill** y cwpan.

E e

erial

Roden neu ddysgl fetel sy'n dod â lluniau a sŵn i deledu a sŵn i radio.

Chwythodd y gwynt yr **erial** hwn i lawr o ben y tŷ.

mwy nag un **erialau, erials**.

esgid

Gwisg i'r droed.

Mae'r **esgid** hon yn gwasgu.

mwy nag un **esgidiau**.

ewinedd

Y pethau caled ar flaen bysedd neu bawennau.

Crafodd Twm y gadair â'i **ewinedd** miniog.

un **ewin**.

ewythr

Brawd eich mam neu'ch tad.

Wncwl Dewi yw'r **ewythr** gorau.

mwy nag un **ewythredd**.

Duma Wncwl Dewi a fi

feiolin

Offeryn cerdd â phedwar llinyn sy'n cael ei ganu â bwa.

Hon yw **feiolin** Nia.

mwy nag un **feiolinau**.

fideo

Enw ar beiriant ac ar y tâp sy'n mynd i mewn iddo. Â'r tâp mae'r peiriant yn recordio ac yn chwarae ffilmiau a rhaglenni teledu.

Mae **fideo** da am anifeiliaid ar ben y **fideo**.

mwy nag un **fideos**.

fioled

Blodyn bach gwyllt o liw porffor.

Roedd tair **fioled** yn tyfu yn y clawdd.

mwy nag un **fioledau**.

F
f

Ff ff

ffedog

Dilledyn rydych chi'n ei wisgo dros eich dillad i'w cadw'n lân.

"Gwisga'r **ffedog** hon cyn dechrau peintio," meddai'r athrawes.

mwy nag un **ffedogau**.

ffenestr, ffenest

Ffrâm mewn twll yn y wal. Mae gwydr ynddi i adael golau i mewn ac i weld drwyddo.

Mae'r **ffenestr** fach yn rhy uchel i weld drwyddi.

mwy nag un **ffenestri**.

ffens

Rhywbeth i rannu dau ddarn o dir. Fel arfer mae wedi'i wneud o bren neu res o bolion â gwifrau rhyngddynt.

Mae ci drws nesa'n gallu neidio dros y **ffens** hon.

mwy nag un **ffensys**.

ffermwr

Dyn sy'n byw ac yn gweithio ar fferm.

Cadw defaid mae'r **ffermwr** hwn.

mwy nag un **ffermwyr**.

37

Ff ff

ffôn

Teclyn i siarad â rhywun sy'n bell i ffwrdd.

Mae'r **ffôn** coch yn y tŷ bach twt.

mwy nag un **ffôns**.

fforc

Teclyn pigog i godi bwyd i'r geg.

Beth sydd ar y **fforc** hon?

mwy nag un **ffyrc**.

ffrâm ddringo

Siâp wedi'i wneud o fetel. Mae plant yn gallu chwarae arno.

Mae **ffrâm ddringo** fawr ar gae'r ysgol.

mwy nag un **fframiau dringo**.

ffrind

Rhywun rydych chi'n ei hoffi ac sy'n eich hoffi chi.

Pwy yw dy **ffrind** gorau di?

mwy nag un **ffrindiau**.

ffrog

Dilledyn mae merch neu fenyw yn ei wisgo.

Mae Olwen wedi gwisgo ei **ffrog** orau i fynd i'r parti.

mwy nag un **ffrogiau**.

ffrwyth

Rhan o blanhigyn lle mae'r hadau. Gallwn fwyta rhai ffrwythau.

Oren yw hoff **ffrwyth** melys Geraint.

mwy nag un **ffrwythau**.

ffwrn

Darn o offer siâp bocs i goginio neu dwymo bwyd.

"Paid â chyffwrdd â'r **ffwrn** hon. Mae'n dwym tân," rhybuddiodd Mam.

mwy nag un **ffyrnau**.

G g

gaeaf

Tymor olaf y flwyddyn. Dyma pryd mae'r tywydd oeraf.

Cofiwch roi bwyd a dŵr i'r adar bach yn ystod y **gaeaf**.

mwy nag un **gaeafau**.

gardd

Darn o dir ar bwys y tŷ. Mae blodau, llysiau a llwyni yn tyfu yno.

Mae'r **ardd** yn llawn blodau o bob lliw a llun.

mwy nag un **gerddi**.

garej

Lle i gadw car.

Does dim lle yn y **garej** i ddau gar.

mwy nag un **garejys**.

gât

Math o ddrws mewn wal neu gae sy'n gallu agor a chau.

Cofiwch gau'r **gât** ar eich ôl.

mwy nag un **gatiau**.

G g

gefeilliaid

Dau berson sydd wedi cael eu geni ar yr un pryd i'r un fam.

Ydych chi'n gallu gweld gwahaniaeth rhwng yr **efeilliaid**?

glan y môr

Ymyl y môr.

Mae tywod a chregyn ar **lan y môr**.

glanio

Cyrraedd y tir mewn awyren, llong neu gwch.

Mae'r awyren yn gollwng yr olwynion cyn **glanio**.

glaw

Dŵr sy'n disgyn yn ddiferion bach o'r cymylau.

Mae Modryb Siân yn edrych ar y **glaw** yn disgyn.

G g

glud

Stwff sy'n sticio pethau wrth ei gilydd.

Rhaid gosod papur ar y bwrdd cyn defnyddio **glud**.

gofod

Y gwagle o gwmpas y byd lle mae'r sêr a'r planedau.

Saethodd y roced i fyny i'r **gofod**.

golchi

Glanhau rhywbeth â dŵr.

Mae Guto'n **golchi'r** car eto.

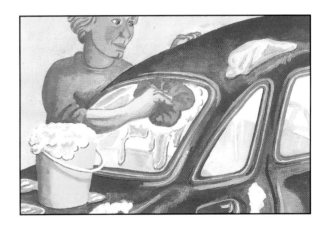

gollwng

Gadael i rywbeth fynd o'ch gafael.

Paid â **gollwng** yr hufen iâ!"

G g

gorsaf

Lle i ddal trên neu fws.

Aeth Gwen i gwrdd â Nain yn yr **orsaf** brysur.

mwy nag un **gorsafoedd**.

grawnwin

Ffrwythau bach gwyrdd neu ddu sy'n tyfu mewn sypiau.

Aeth y plant â **grawnwin** i Mam-gu yn yr ybsyty.

grifft

Wyau broga neu lyffant.

Allwch chi weld y **grifft** yn y pwll?

grisiau

Stepiau y tu mewn i adeilad. Gallwch eu defnyddio i fynd i fyny ac i ddod i lawr.

"Lawr o'r **grisiau** yna, Pero!" gwaeddodd Mam.

gwaed

'r hylif coch sydd yn eich corff.

Sychodd Wyn y **gwaed** o'i ben-glin.

gwallt

Blew sy'n tyfu ar eich pen.

"Rhaid gwisgo cap dros y **gwallt**
'na."

gwanwyn

Tymor cyntaf y flwyddyn. Mae
planhigion yn dechrau tyfu yn y
gwanwyn.

Blodau cynta'r **gwanwyn**.

gwau

Defnyddio gweill a gwlân i wneud
dillad.

Mae Mam-gu yn **gwau** siwmper
gynnes i Alun.

G

g

44

G
g

gwddf

Rhan o'r corff, rhwng y pen a'r ysgwyddau.

Cofia olchi'r **gwddf** yna.

mwy nag un **gyddfau**.

gweill

Nodwyddau hir sy'n cael eu defnyddio i wau.

"Gwlân a **gweill** yn barod i wau sgarff."

gweld

Dyma beth mae eich llygaid yn ei wneud.

Doedd Gerallt ddim yn gallu **gweld** llawer trwy'r niwl.

gwely

Celficyn i gysgu ynddo.

Mae'n amser mynd i'r **gwely** nawr.

mwy nag un **gwelyau**.

45

G g

gwên

Yr olwg ar wyneb rhywun pan mae dwy ochr y geg yn codi a'r llygaid yn ddisglair.

"Gwena, dyro **wên** fach i mi."

gwenynen

Pry sy'n gallu hedfan a gwneud mêl.

Sawl **gwenynen** fach welwch chi?

mwy nag un **gwenyn**.

gwesty

Lle i bobl aros mewn ystafell dros nos.

Mae dau **westy** ar lan y môr ond p'un yw'r gorau?

mwy nag un **gwestyau**, **gwestai**.

gwisg nofio

Dilledyn i'w wisgo i fynd i nofio.

Pwy biau'r **wisg nofio** goch yma?

mwy nag un **gwisgoedd nofio**.

G g

gwisgo

Rhoi dillad am ran o'r corff.

Roedd Rhiannon wrth ei bodd yn **gwisgo** gwisg ffansi.

gwiwer

Anifail bach blewog. Mae rhai yn goch a rhai yn llwyd.

Sbonciodd y **wiwer** goch trwy'r coed.

mwy nag un **gwiwerod**.

gŵn nos

Dilledyn mae merch yn ei wisgo i gysgu ynddo.

Gŵn nos pinc i Siân ar ei phen-blwydd.

mwy nag un **gynau nos**.

gŵr

Dyn sy'n briod.

Cafodd y **gŵr** a'r wraig lawer o gardiau ar ddydd eu priodas.

mwy nag un **gwŷr**.

G g

gwraig

Menyw sy'n briod.

Beth yw enw'r **wraig**?

mwy nag un **gwragedd**.

gwresogydd

Peiriant i dwymo'r aer a'ch cadw chi'n gynnes.

"Mae rhywbeth yn bod ar y **gwresogydd** hwn," meddai Mostyn.

mwy nag un **gwresogyddion**.

gŵydd

Aderyn mawr â gwddf hir sy'n byw ar fferm neu'n byw yn wyllt.

> Aeth y ddwy **ŵydd** dew
> Drwy'r eira a'r rhew.

mwy nag un **gwyddau**.

gwyliau

Amser rhydd o'r ysgol a'r gwaith.

I ble'r awn ni ar ein **gwyliau**?

G
g

gwylio

Edrych ar rywbeth yn digwydd.

Mae'r plant bach yn **gwylio'r** plant mawr yn actio.

gwynt

Aer sy'n symud dros wyneb y ddaear.

   Morus y **gwynt** ac Ifan y glaw
   Daflodd fy nghap i ganol y baw.

mwy nag un **gwyntoedd**.

gyrru

Gwneud i rywbeth fel car symud.

Mae Siôn wrth ei fodd yn **gyrru'r** car.

gyrrwr

Person sy'n gyrru car, fan, bws, lorri neu drên.

Mae **gyrrwr** y car rasio yn mynd i wisgo ei helmed.

mwy nag un **gyrwyr**.

49

haf

Ail dymor y flwyddyn. Dyma pryd mae'r tywydd dwymaf.

Pwy sy'n hoffi **haf** twym?

mwy nag un **hafau**.

haul

Pelen o dân yn yr awyr. Dyma beth sy'n rhoi golau a gwres i ni.

Cofiwch guddio rhag yr **haul** poeth.

hedfan

Mynd drwy'r awyr fel mae aderyn neu awyren yn ei wneud.

Mae'r barcutiaid yn **hedfan** yn yr awyr.

hofrennydd

Math o awyren heb adenydd sy'n gallu aros yn yr unfan yn yr awyr.

Daeth **hofrennydd** mawr melyn i achub y dyn o'r môr.

mwy nag un **hofrenyddion**.

H h

H h

hufen

Y rhan drwchus o laeth.

Arllwysodd Ifan **hufen** tew dros y mefus.

hufen iâ

Bwyd oer, melys wedi ei wneud o hufen a siwgr.

"Dau gôn **hufen iâ** gwyn, os gwelwch yn dda."

hwyaden

Aderyn y dŵr. Mae ganddi draed gweog a phig fflat.

Glaniodd **hwyaden** ryfedd ar y llyn.

mwy nag un **hwyaid**.

hydref

Trydydd tymor y flwyddyn. Dyma pryd mae rhai o'r coed yn colli eu dail.

Mae hi'n **hydref** gwyntog.

mwy nag un **hydrefau**.

iard

Darn caled o dir o gwmpas yr ysgol.
Mae plant yn chwarae arno.

Cwympodd bachgen bach ar yr **iard**
galed a brifo ei goes.

iglŵ

Tŷ wedi ei wneud o flociau o eira wedi
rhewi.

Mae'r Esgimo yn byw mewn **iglŵ** clyd.

mwy nag un **iglŵs**.

injan dân

Cerbyd i gario dynion tân, dŵr ac offer
i fynd i ddiffodd tân.

Aeth yr **injan dân** goch yn gyflym
drwy'r dre.

mwy nag un **injans tân**.

iogwrt

Bwyd wedi ei wneud o laeth.
Mae mefus yn yr **iogwrt** hwn.

J
j

jac codi baw

Peiriant cryf i geibio a chodi pridd a cherrig.

Cododd y **jac codi baw** cryf y pridd i mewn i'r lorri.

jam

Ffrwythau a siwgr wedi eu berwi gyda'i gilydd i wneud bwyd melys.

Gwnaeth Megan ddeg pot o **jam** cartre.

jigso

Darnau bach fflat o wahanol siapiau i'w rhoi at ei gilydd i wneud llun.

Mae plant wrth eu bodd yn gwneud y **jigso** mawr.

mwy nag un **jigsos**.

jîns

Math o drwser wedi'i wneud o gotwm cryf.

Mae Sioned wrth ei bodd yn ei **jîns** glas.

J j

jiwdo

Ymladd lle'r ydych yn taflu person i'r llawr.

Mae Carys ac Angharad yn mwynhau eu gwersi **jiwdo** cyffrous.

jwg

Llestr â dolen iddo a phig i arllwys ohoni.

Mae tair **jwg** bert ar seld Mam-gu.

mwy nag un **jygiau**.

jyngl

Rhan o'r byd lle mae hi'n boeth a lle mae coedwig drwchus yn tyfu.

Rasiodd y mwncïod drwy'r **jyngl** poeth.

54

L l

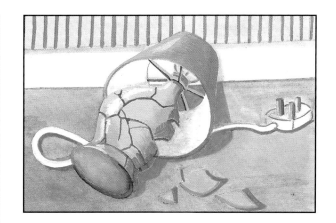

lamp

Teclyn sy'n rhoi golau.

Bydd Mam yn grac - ei **lamp** orau hi!

mwy nag un **lampau**.

lawnt

Y borfa mewn gardd neu barc.

Rhaid torri'r **lawnt** hon bob wythnos yn yr haf.

mwy nag un **lawntiau**.

lemonêd

Diod wedi ei gwneud o sudd lemwn.

Dyma **lemonêd** da i dorri syched.

letysen

Un o lysiau gwyrdd yr ardd.

Torrodd y garddwr **letysen** fach i ginio.

mwy nag un **letys**.

lili ddŵr

Planhigyn â dail mawr a blodau tlws sy'n tyfu mewn dŵr.

Eisteddodd y broga ar ddeilen y **lili ddŵr** bert.

lolfa

Ystafell gyfforddus mewn tŷ i eistedd ynddi.

Mae'r teulu yn ymlacio yn y **lolfa** gyfforddus.

lorri

Cerbyd i gario pethau trwm ar hyd y ffordd.

Mae'r **lorri** las yn llawn a'r **lorri** goch yn wag.

mwy nag un **lorïau**.

L
l

Ll ll

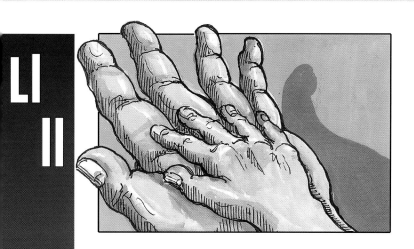

llaw

Rhan o'r corff ar ben y fraich.

Mae **llaw** fach gan Bethan a **llaw** fawr gan Dad.

mwy nag un **dwylo**.

llawr

Y rhan o'r ystafell sydd o dan eich traed.

Byddwch yn ofalus. Mae'r **llawr** hwn yn wlyb.

mwy nag un **lloriau**.

llefain

Gollwng dagrau pan rydych chi'n drist.

Mae Dafydd yn **llefain** y glaw am fod ei gi ar goll.

llenni

Defnydd sy'n hongian o ben y ffenestr ac sy'n gallu agor a chau.

Bydd rhaid cael **llenni** newydd nawr.

llethr sgïo

Rhiw serth i sgïo arno.

Mae'r **llethr sgïo** hwn yn serth.

mwy nag un **llethrau sgïo**.

llew

Anifail mawr blewog sy'n byw yn Affrica. Mae'n perthyn i deulu'r gath.

Gorweddodd y ddau **lew** dan gysgod y goeden.

mwy nag un **llewod**.

llewpart

Anifail mawr gwyllt sy'n debyg i gath. Mae ganddo smotiau drosto.

Allwch chi gyfri'r smotiau ar y **llewpart** hwn?

mwy nag un **llewpartiaid**.

llong

Cwch mawr.

Hwyliodd y **llong** bleser allan o'r harbwr.

mwy nag un **llongau**.

Ll
ll

llong ofod

Cerbyd sy'n teithio yn y gofod.

Mae'r **llong ofod** hon yn teithio i'r lleuad.

mwy nag un **llongau gofod**.

llwy

Teclyn â choes hir i droi a bwyta bwyd.

Un **llwy** de o siwgr os gwelwch yn dda.

mwy nag un **llwyau**.

llwyfan

Rhan o'r llawr mewn neuadd sydd wedi ei chodi yn uwch na'r gweddill.

Does dim lle i bawb ar y **llwyfan** hwn.

mwy nag un **llwyfannau**.

llwyn

Coeden fach isel.

Beth mae Mot yn ei wneud y tu ôl i'r **llwyn** hwn?

mwy nag un **llwyni**.

llyfr

Darnau o bapur wedi eu rhwymo gyda'i gilydd, â geiriau a lluniau arnyn nhw.

"Dewiswch ddau **lyfr** i'w darllen dros y gwyliau."

mwy nag un **llyfrau**.

llyffant

Anifail sy'n debyg i'r broga. Mae ganddo groen sych, llwyd neu frown.

Chwiliwch am y **llyffant** llwyd.

mwy nag un **llyffantod**.

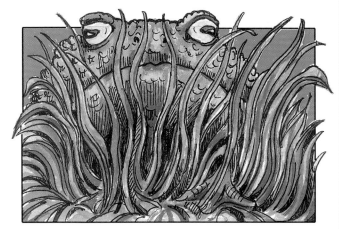

llygad

Y rhan o'r corff sy'n gweld pethau.

Gwelodd Rhidian ddwy **lygad** yn syllu arno.

mwy nag un **llygaid**.

llygoden

Anifail bach â chynffon hir a dannedd miniog.

Llygoden fach yn byw yn y wal
A'r hen gath lwyd yn ceisio ei dal.

mwy nag un **llygod**.

Ll
ll

M
m

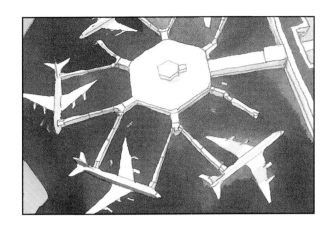

maes awyr

Lle i awyrennau godi i'r awyr a glanio.

Roedd y **maes awyr** yn llawn o awyrennau o bob rhan o'r byd.

mwy nag un **meysydd awyr**.

malwen

Anifail bach sy'n symud yn araf iawn. Weithiau mae cragen galed ar ei gefn.

Gwelodd Huw **falwen** fach yn dringo'r wal yn araf.

mwy nag un **malwod**.

mam

Yr un o'ch rhieni sy'n fenyw.

Mae'r **fam** wrth ei bodd gyda'r plant.

mwy nag un **mamau**.

mam-gu

Mam eich mam neu eich tad. Gair arall am 'mam-gu' yw 'nain'.

Mae dwy **fam-gu** gan Mared.

maneg

Gwisg i'r llaw.

Un **faneg**, dwy **faneg**.

mwy nag un **menig**.

M
m

mêl

Bwyd melys sy'n cael ei wneud gan y gwenyn mewn cwch gwenwyn.

Mae Taid yn hoffi **mêl** melys ar ei dost.

mellten

Fflach o olau trydan yn yr awyr. Gallwch ei gweld weithiau pan mae storm.

Trawodd y **fellten** simnai'r tŷ.

mwy nag un **mellt**.

menyw

Merch sydd wedi tyfu'n oedolyn.

> Hen **fenyw** fach Cydweli
> Yn gwerthu losin du.

mwy nag un **menywod**.

62

merch

Plentyn sy'n tyfu i fod yn fenyw.

Mae tair **merch** gan Mr a Mrs Jones.

mwy nag un **merched**.

milfeddyg

Person sy'n helpu i wella anifeiliaid pan maen nhw'n dost.

Roedd dau **filfeddyg** yn y syrjeri.

mwy nag un **milfeddygon**.

mochyn

Anifail fferm. Mae ganddo goesau byrion a chroen trwchus ac mae e'n hoffi twrio.

Mae gen i **fochyn** bychan
Mae gen i **fochyn** mawr
Mae gen i **fochyn** arall
Dyw'n fychan nac yn fawr.

mwy nag un **moch**.

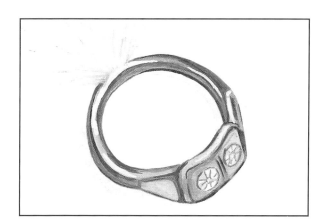

modrwy

Cylch o fetel sy'n cael ei wisgo ar fys.

Dyma **fodrwy** bert.

mwy nag un **modrwyau**.

M
m

modryb

Chwaer eich mam neu eich tad.

Mae tair **modryb** gan Siân - Anti Meg, Anti Gwen ac Anti Sali.

mwy nag un **modrybedd**.

morfil

Anifail mawr sy'n byw yn y môr. Y morfil glas yw'r anifail mwyaf yn y byd.

Edrychwch ar y ddau **forfil** yn neidio.

mwy nag un **morfilod**.

morgrugyn

Pry bach prysur iawn sy'n byw mewn nyth yn y ddaear.

Sawl **morgrugyn** prysur sydd yma?

mwy nag un **morgrug**.

N
n

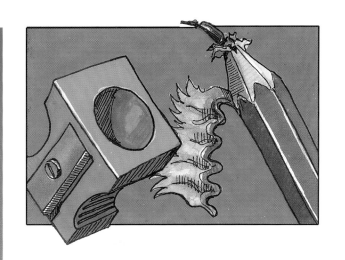

naddwr

Teclyn i roi blaen ar bensil.

Dyw'r **naddwr** hwn yn werth dim. Edrychwch!

mwy nag un **naddwyr**.

nain

Mam eich mam neu eich tad. Gair arall am 'nain' yw 'mam-gu'.

Mae **nain** garedig gan Nerys.

mwy nag un **neiniau**.

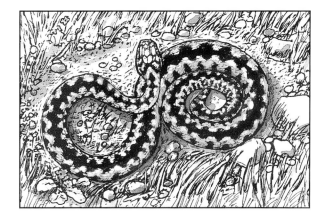

neidr

Anifail hir heb goesau. Mae e'n ymlusgo i symud.

Peidiwch â chyffwrdd â'r **neidr** hon.

mwy nag un **nadredd**.

neuadd

Ystafell fawr lle mae pawb yn gallu dod at ei gilydd ar gyfer gwasanaeth neu gyngerdd.

Mae gwasanaeth yn y **neuadd** hon bob bore.

mwy nag un **neuaddau**.

niwl

Cwmwl o ddafnau mân o ddŵr yn yr awyr.

Rhaid gyrru'n araf mewn **niwl** trwchus.

mwy nag un **niwloedd**.

N
n

nofio

Symud trwy ddŵr gan ddefnyddio breichiau, coesau neu gynffon.

Mae Prys yn gallu **nofio** fel pysgodyn.

nyrs

Person sy'n gofalu am bobl sy'n dost neu'n hen.

Mae'r **nyrs** hon yn mesur curiad calon Rhian.

mwy nag un **nyrsys**.

oedolion

Pobl sydd wedi tyfu i fod yn ddynion neu'n fenywod.

Dim ond **oedolion** sy'n cael mynd i weld y ffilm hon.

un **oedolyn**.

oen

Dafad ifanc.

Rwy'n hoffi gweld yr **oen** bach yn prancio.

mwy nag un **ŵyn**.

ogof

Lle gwag, tywyll o dan y ddaear neu yn ochr clogwyn neu fryn.

Mae'r **ogof** hon yn dywyll a llaith.

mwy nag un **ogofâu**.

olwyn

Dyfais siâp cylch i wneud i gerbydau symud ar dir.

O na! Bydd yn rhaid newid yr **olwyn** hon nawr.

mwy nag un **olwynion**.

P

p

pacio

Rhoi pethau mewn cês neu fag i fynd ar wyliau.

Roedd Elfyn wedi **pacio** gormod o bethau yn y cês.

paent

Hylif lliwgar ar gyfer gwneud llun neu i liwio pethau.

Gallwch chi gymysgu'r **paent** i wneud pob math o liwiau.

mwy nag un **paentiau**.

pants

Dilledyn mae bachgen yn ei wisgo o dan ei drwser.

Dyna **bants** lliwgar.

papur

Y defnydd rydyn ni'n ysgrifennu ac yn paentio arno.

Peidiwch â gwastraffu **papur**.

mwy nag un **papurau**.

P
p

parot

Aderyn â phlu lliwgar a phig fawr. Mae rhai yn gallu dysgu dweud geiriau.

Beth mae'r **parot** hwn yn ei ddweud?

mwy nag un **parotiaid**.

past dannedd

Stwff i lanhau'r dannedd.

Gaf i'r **past dannedd** â blas mefus, Mam?

peiriant golchi

Darn o offer i olchi dillad.

I mewn i'r **peiriant golchi** â nhw.

mwy nag un **peiriannau golchi**.

pen

Rhan o'r corff lle mae'r llygaid, y trwyn, y geg a'r clustiau.

Pwysodd Tom ei **ben** bach ar y gobennydd.

mwy nag un **pennau**.

pen-blwydd

Ar y dydd yma rydych chi'n cofio dydd eich geni.

Dyma deisen bert! **Pen-blwydd** gwych arall!

pensil

Darn hir o bren â phlwm neu greon lliw yn ei ganol ar gyfer ysgrifennu.

Pwy sydd biau'r **pensil** hwn?

mwy nag un **pensiliau**.

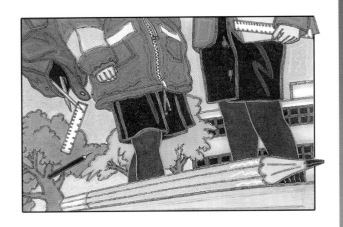

pig

Ceg aderyn.

Pa un o'r adar hyn sydd â'r **big** fwyaf?

mwy nag un **pigau**.

planhigyn

Peth byw sy'n tyfu yn y ddaear. Mae ganddo wreiddiau, coesyn, dail a ffrwythau.

Planhigyn pert i Mam ar Sul y Mamau.

mwy nag un **planhigion**.

P p

70

P
p

plât

Math o ddysgl â gwaelod fflat i ddal bwyd.

Torrodd y **plât** yn deilchion ar y llawr. Am lanast!

mwy nag un **platiau**.

plentyn

Bachgen neu ferch sy'n tyfu i fod yn ddyn neu'n fenyw.

Dyfalwch pwy yw'r ddau **blentyn** newydd.

mwy nag un **plant**.

pluen

Darn o gôt aderyn.

Mor ysgafn â **phluen**.

mwy nag un **plu**.

plwg

Rhywbeth sy'n ffitio'n dynn yn y draen i gadw'r dŵr yn y bath neu'r basn ymolchi.

Alla i ddim tynnu'r **plwg**. Helpwch fi, Mam!

mwy nag un **plygiau**.

pobl

Bechgyn, merched, dynion a menywod.

Aeth llawer o'r **bobl** i'r cyngerdd.

postmon

Person sy'n dod â llythyron, cardiau a pharseli i'ch tŷ chi.

"I Gareth mae'r rhain i gyd," meddai'r **postmon**.

mwy nag un **postmyn**.

pram

Math o got ar olwynion i fynd â babi neu ddol am dro.

Aeth Catrin â'i dol newydd am dro yn y **pram**.

mwy nag un **prams**, **pramiau**.

pren mesur

Darn syth o bren neu blastig, ar gyfer mesur a gwneud llinellau.

Rhaid defnyddio'r **pren mesur** i dynnu llinell syth.

mwy nag un **prennau mesur**.

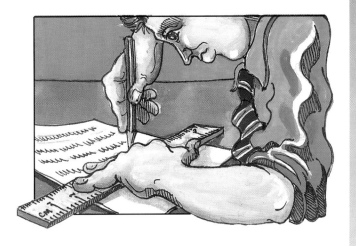

P

p

P p

prifathrawes

Yr athrawes bwysicaf yn yr ysgol.

Mae'r **brifathrawes** yn canmol y plant pan maen nhw'n dda.

mwy nag un **prifathrawesau**.

prifathro

Yr athro pwysicaf yn yr ysgol.

Cafodd y bachgen stŵr gan y **prifathro** am fod yn ddrwg.

mwy nag un **prifathrawon**.

pry, pryf

Anifail bach â chwech o goesau. Mae'n gallu hedfan.

Roedd y ddau **bry** yn chwilio am fwyd.

mwy nag un **pryfed**.

pyjamas

Top a throwser i'w gwisgo yn y gwely.

Ydy'r **pyjamas** yma yn rhy fach i Guto?

P

p

pyped

Math o ddol i'w rhoi ar law neu ar linynnau a'i gwneud i symud.

Dyma'r **pyped** gorau yn y sioe.

mwy nag un **pypedau**.

pysgodyn

Anifail heb goesau na breichiau sy'n byw mewn dŵr. Mae e'n gallu nofio'n dda. Mae pobl yn dal rhai pysgod i'w bwyta.

"**Pysgodyn** bach a sglodion i fi, Dad."

mwy nag un **pysgod**.

pysgodyn aur

Pysgodyn bach sy'n cael ei gadw fel anifail anwes.

Mae'r plant yn gofalu am y **pysgodyn aur**.

mwy nag un **pysgod aur**.

pysgota

Dal pysgod.

Mae lle da i **bysgota** wrth y bont.

R r

ras

Cystadleuaeth i weld pwy neu beth yw'r cyflymaf.

Ras ddoniol yw'r **ras** sachau.

mwy nag un **rasys**.

recordydd tâp

Peiriant i chwarae tapiau neu i recordio rhywbeth ar dâp.

Defnyddiodd yr athrawes **recordydd tâp** bach i recordio'r plant yn chwarae yn y tŷ bach twt.

robin

Aderyn bach brown sy'n dod i'r ardd. Mae gan y ceiliog fron goch.

> **Robin** goch ar ben y rhiniog
> Yn gofyn tamaid heb un geiniog
> Ac yn dwedyd yn ysmala
> "Mae hi'n oer, fe ddaw yn eira."

roced

Math o dân gwyllt sy'n cael ei saethu i fyny i'r awyr. Hefyd, peiriant sy'n saethu llong ofod i fyny i'r gofod.

Taniodd Dad ddwy **roced** liwgar ar Noson Tân Gwyllt.

mwy nag un **rocedi**.

rh

Rh
rh

rhedeg

Symud un droed o flaen y llall yn gyflym.

Mae pawb yn **rhedeg** i mewn i'r ysgol pan ddaw'r glaw.

rheilffordd

Trac i drên gael symud o le i le.

"Peidiwch byth â chwarae ar y **rheilffordd**."

mwy nag un **rheilffyrdd**.

rhew

Dŵr sydd wedi troi'n galed mewn tywydd oer iawn.

Cwympodd Berian yn ei hyd ar y **rhew** caled.

rhewgell

Darn o offer siâp cwpwrdd neu gist i rewi bwydydd a'u cadw am amser hir.

Oes lle i ragor o fwyd yn y **rhewgell** hon?

mwy nag un **rhewgelloedd**.

Rh rh

rhieni

Eich tad a'ch mam.

Mae'r plant yn debyg i'w **rhieni**.

un **rhiant**.

rhwbiwr

Darn bach o rwber neu blastig sy'n cael gwared o farciau pensil ar bapur.

Peidiwch â gwasgu'r **rhwbiwr** hwn yn rhy galed neu fe fydd y papur yn torri.

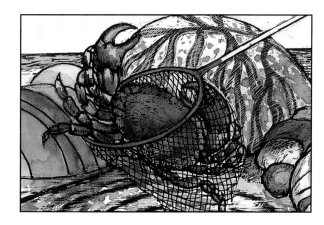

rhwyd

Defnydd yn llawn tyllau i ddal rhywbeth.

Daliodd Mari granc yn y **rhwyd** fach goch.

mwy nag un **rhwydi**, **rhwydau**.

sanau, hosanau

Gwisg i'ch traed.

Mae twll yn un o'r **sanau**.

un **hosan**.

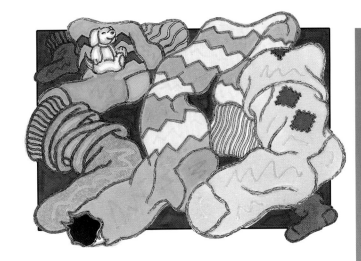

S

S

sandal

Math o esgid ysgafn.

Ble mae'r **sandal** brown arall?

mwy nag un **sandalau**.

sebon

Rhywbeth sy'n cael ei ddefnyddio gyda dŵr i ymolchi neu i olchi rhywbeth arall.

Cofia ddefnyddio'r **sebon** hwn.

mwy nag un **sebonau**.

sebra

Anifail streipiog du a gwyn, yn debyg i geffyl.

Rhedodd y ddau **sebra** fel y gwynt.

mwy nag un **sebraod**.

S
s

sgarff

Darn o ddefnydd i'w wisgo am y gwddf.

Oes rhywun wedi colli **sgarff** goch?

mwy nag un **sgarffiau**.

sgert

Dilledyn mae merched yn ei wisgo o'u canol i lawr.

P'un mae Anwen yn mynd i'w dewis - y **sgert** goch neu'r **sgert** felen.

mwy nag un **sgerti**.

sgïo

Mynd ar sgis ar eira neu ar lethr **sgïo**.

"Gwisgwch yn gynnes i fynd i **sgïo**."

sgorio

Ennill gôl neu bwynt mewn chwaraeon.

Mae Cymru wedi **sgorio**. Hwrê!

S **s**

shorts

Trwser byr rydych chi'n ei wisgo yn yr haf ac i chwarae gêmau.

Roedd pawb yn gwisgo **shorts** gwyn ond Gareth.

siarad

Dweud rhywbeth wrth rywun.

Mae'r athrawes yn **siarad** â'r plant.

sied

Adeilad bach i gadw pethau.

Oes eisiau tacluso'r **sied** hon?

mwy nag un **siediau**.

silff

Darn o bren sy'n sownd wrth y wal.

Does dim lle i ragor o lyfrau ar y **silff** hon.

mwy nag un **silffoedd**.

S
s

sinc

Basn mawr â thapiau arno sy'n sownd wrth y wal.

Mae'r ddau **sinc** yn llawn.

mwy nag un **sinciau**.

sioncyn y gwair

Pry bach gwyrdd sy'n gallu neidio'n bell. Mae e'n byw mewn gwair ac yn gwneud sŵn suo â'i goesau.

Neidiodd y **sioncyn y gwair** bach yn uchel.

siswrn

Teclyn â dau lafn miniog yn sownd yn ei gilydd ar gyfer torri pethau.

Rhaid bod yn ofalus pan fyddwch chi'n defnyddio'r **siswrn** hwn.

mwy nag un **sisyrnau**.

sliperi

Math o esgidiau meddal rydych chi'n eu gwisgo yn y tŷ.

Hoffech chi gael **sliperi** fel hyn?

un **sliper**.

soffa

Celficyn cyfforddus â chefn a breichiau. Mae lle i fwy nag un person eistedd arno.

Oes lle i ragor ar y **soffa** hon?

sosban

Math o grochan metel â dolen ar un ochr, i ferwi bwyd.

> **Sosban** fach yn berwi ar y tân,
> **Sosban** fawr yn berwi ar y llawr.

mwy nag un **sosbenni**.

soser

Math o ddysgl fach gron i ddal cwpan.

Un, dwy, tair **soser** - un i Mam, un i Dad ac un i fi.

mwy nag un **soseri**.

stôl

Math o gadair fach heb gefn na breichiau.

> **Stôl** fach i babi Arth,
> **Stôl** fwy i Mami Arth,
> A'r **stôl** fwyaf i Dadi Arth.

mwy nag un **stolau**.

S
S

82

S
s

sudd

Hylif sy'n dod o ffrwythau wedi eu gwasgu.

Y **sudd** hwn yw'r melysaf.

symud

Mynd o un lle i le arall.

Edrych. Mae'r falwen wedi **symud**.

synnwyr

Y gallu i weld, clywed, blasu, teimlo neu arogli pethau.

Pa ddau **synnwyr** rydych chi'n eu defnyddio i wylio'r teledu?

mwy nag un **synhwyrau**.

T t

tad

Yr un o'ch rhieni sy'n ddyn.

Y **tad** sy'n dod â'r plant i'r ysgol yn y bore.

mwy nag un **tadau**.

tad-cu

Tad eich mam neu eich tad. Gair arall am 'tad-cu' yw 'taid'.

"Chi yw'r **tad-cu** gorau yn y byd i gyd," meddai Cerian.

taflu

Gwneud i rywbeth symud drwy'r awyr.

Pwy sy'n mynd i **daflu** nesaf?

tafod

Rhan o'r corff y tu mewn i'r geg, i flasu a siarad.

Agorodd Helen ei cheg i ddangos ei **thafod** i'r doctor.

mwy nag un **tafodau**.

T
t

tafol

Teclyn i bwyso pethau.

Pwyswch y siwgr yn y **dafol**.

taid

Tad eich mam neu eich tad. Gair arall am 'taid' yw 'tad-cu'.

Mae **taid** tal gan Tomos.

mwy nag un **teidiau**.

tap

Teclyn sy'n gadael i ddŵr lifo allan o biben.

P'un yw'r **tap** dŵr oer?

mwy nag un **tapiau**.

taran

Y sŵn uchel rydych chi'n ei glywed ar ôl fflach mellten mewn storm.

Mae Taran yn ofni sŵn y **daran**.

mwy nag un **taranau**.

T t

taro

Bwrw rhywbeth.

> Bwm, bwm, bwm,
> Rwy'n **taro'r** drwm.

tebot

Math o lestr neu bot arbennig i wneud te a'i arllwys.

"Rhowch y **tebot** ar y bwrdd i ni gael te."

mwy nag un **tebotau**.

tegan

Rhywbeth i chwarae ag e.

Sawl **tegan** mawr sydd gan Guto?

mwy nag un **teganau**.

tegell

Teclyn metel â chlawr, pig a dolen, i ferwi dŵr.

"Paid â chyffwrdd â'r **tegell** yna. Mae'n ferw."

mwy nag un **tegellau**.

T t

tei

Darn o ddefnydd cul i'w wisgo o dan goler crys neu flowsen.

"Helpwch fi gyda'r **tei**, Mam!"

mwy nag un **teis**.

teigr

Anifail mawr o India sy'n perthyn i deulu'r gath. Mae patrwm streipiog ar ei flew.

Ydych chi'n gallu gweld y **teigr** hwn?

mwy nag un **teigrod**.

teimlo

Un o'r pum synnwyr. Dyma beth rydych chi'n ei wneud â'ch croen.

Mae hi'n braf **teimlo'r** glaw ar eich wyneb.

teithio

Mynd o le i le.

Mae Iolo yn hoffi **teithio** ar ei feic.

T t

teledu

Peiriant sy'n dod â lluniau a sŵn drwy'r awyr.

"Mae'r **teledu** hwn wedi torri."

to

Y gorchudd sydd ar ben tŷ

Pwy sy'n eistedd ar y **to**?

mwy nag un **toeau**.

tocyn

Mae hwn yn dangos eich bod wedi talu i wneud rhywbeth.

Prynodd Mam ddau **docyn** i fynd ar y trên sgrech yn y ffair.

mwy nag un **tocynnau**.

tomato

Ffrwyth meddal, coch yn llawn hadau.

Pa un yw'r **tomato** mwyaf?

mwy nag un **tomatos**.

T t

tractor

Peiriant fferm i dynnu llwythi trwm.

Roedd y **tractor** yn tynnu'r treiler yn ôl i'r fferm.

mwy nag un **tractorau**, **tractors**.

treinyrs

Math o esgidiau i'w gwisgo pan fyddwch chi'n chwarae.

"Gaf i **dreinyrs** newydd ar fy mhen-blwydd, Mam?"

troed

Rhan o'r corff, ar ddiwedd y goes.

Rhoddodd Emrys ei ddwy **droed** yn y dŵr.

mwy nag un **traed**.

tŷ dol

Tŷ i ddoliau lle mae popeth yn fach.

Mae Teleri eisiau **tŷ dol** pren gan Siôn Corn.

mwy nag un **tai dol**.

T t

tyfu

Dyma pryd mae pethau byw yn mynd yn fwy.

Rwy'n mesur y blodyn haul i weld a yw e wedi **tyfu**.

tylluan

Aderyn sy'n cysgu yn y dydd ac yn hedfan a hela am fwyd yn y nos.

Ydy'r **dylluan** yn cysgu drwy'r nos?

mwy nag un **tylluanod**.

tymor

Un rhan o'r flwyddyn. Mae yna bedair rhan - gwanwyn, haf, hydref a gaeaf.

P'un yw'r **tymor** gorau i fynd allan i chwarae?

mwy nag un **tymhorau**.

tywel

Darn o ddefnydd i sychu croen neu lestri.

Tywel gwyrdd i Ann a **thywel** oren i Jade.

mwy nag un **tywelion**.

Th
th

theatr

Neuadd lle rydych chi'n gweld drama.

Aeth y plant i'r **theatr** fawr i weld pantomeim.

mwy nag un **theatrau**.

thema

Rydych chi'n dysgu am hon yn yr ysgol.

Mae dwy **thema** yn yr ysgol y tymor hwn.

mwy nag un **themâu**.

thermomedr

Teclyn sy'n dangos y tymheredd.

Mae'r plant yn darllen y **thermomedr** bach ar wal yr ysgol ac yn cadw siart o'r tymheredd.

mwy nag un **thermomedrau**.

ugain

Gair am y rhif 20.

Oes **ugain** o blant yn y côr yma?

mwy nag un **ugeiniau**.

uncorn

Anifail mewn storïau sy'n edrych fel ceffyl gwyn â chorn hir ar ei dalcen.

Dyma stori sy'n sôn am **uncorn** rhyfedd.

uwd

Bwyd wedi ei wneud o laeth a cheirch. Maen nhw wedi eu berwi gyda'i gilydd.

Bwytodd Elen Benfelen **uwd** cynnes yr arth fach.

U
U

wal

Un o ochrau ystafell neu adeilad.

Mae dwy **wal** las a dwy **wal** felen yn nosbarth y plant bach.

mwy nag un **waliau**.

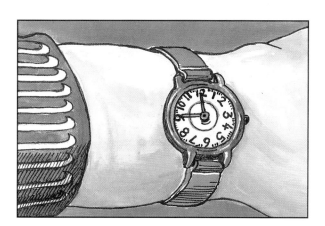

wats

Peiriant bach i'w wisgo ar yr arddwrn i ddweud yr amser.

Faint o'r gloch yw hi ar **wats** fach newydd Beca?

mwy nag un **watsys**.

welingtons

Esgidiau rwber uchel.

Mae Cathrin yn hoffi gwisgo ei **welingtons** coch yn y glaw.

wy

Mae adar a rhai anifeiliaid yn ei ddodwy. Mae cyw neu anifail bach yn dod allan ohono.

Mae'r **wy** cyntaf yn deor. Beth welwch chi?

mwy nag un **wyau**.

y

yfed

Rhoi diod yn y geg a'i llyncu.

Mae'n braf **yfed** diod oer yn yr haf.

ymolchi

Golchi eich hunan.

Mae Owen yn cael dŵr dros bopeth pan mae e'n **ymolchi**.

ymwelydd

Person sy'n galw i'ch gweld chi.

Mae **ymwelydd** pwysig yn yr ysgol heddiw.

mwy nag un **ymwelwyr**.

ysbyty

Adeilad lle mae doctoriaid a nyrsys yn gofalu am bobl dost.

Mae'r ambiwlans wedi cyrraedd yr **ysbyty** mawr.

mwy nag un **ysbytai**.